12306“最强大脑”——

『时代楷模』单杏花

李木马　黄丽荣◎著

毕贤昊◎绘

中国铁道出版社有限公司
CHINA RAILWAY PUBLISHING HOUSE CO., LTD.

图书在版编目（CIP）数据

12306“最强大脑”：“时代楷模”单杏花 / 李木马，黄丽荣著；毕贤昊绘. -- 北京：中国铁道出版社有限公司，2024. 12（2025. 2 重印）. --（铁路榜样的故事系列绘本）.
ISBN 978-7-113-31808-6

I. K826.16-49

中国国家版本馆 CIP 数据核字第 2024F6U759 号

书　　名： 12306“最强大脑”——“时代楷模”单杏花
作　　者： 李木马　黄丽荣
绘　　画： 毕贤昊

责任编辑： 王　鑫　　**编辑部电话：**（010）51873659
封面设计： 宿　萌
责任校对： 安海燕
责任印制： 高春晓

出版发行： 中国铁道出版社有限公司（100054，北京市西城区右安门西街 8 号）
网　　址： https://www.tdpress.com
印　　刷： 北京盛通印刷股份有限公司
版　　次： 2024 年 12 月第 1 版　2025 年 2 月第 3 次印刷
开　　本： 889 mm×1 194 mm　1/16　**印张：** 3.75　**字数：** 80 千
书　　号： ISBN 978-7-113-31808-6
定　　价： 78.00 元

伴随着中国铁路发展的脚步，铁路12306以“永远在路上”的奋进姿态，不断开拓创新，为旅客出行更美好作出新贡献！

——单杏花

杏花，美丽而含蓄，春天盛开的花朵，在夏天结出喜人的果实。杏花，寓意朴素纯洁，还会让人情不自禁地想起故乡……

1974 年 3 月，杏花盛开的季节，单杏花出生在江西省上饶市婺源县思口镇外和公村。

树爷是外和公村德高望重的长辈，常来杏花家串门，六七岁的杏花每天晚上最期待的事就是树爷来家里“讲古”，古往今来先贤的故事，像种子一样撒进她幼小的心灵。坐在院子里，树爷告诉杏花，每个人都像一颗星星，做人就要努力做那颗最亮的星，照亮自己，也照亮别人前行的路。杏花常常仰望星空，寻觅着属于自己的那颗星……

村里有一所简陋的小学，学校里只有一间教室和一名老师。这里像个大花房，是小杏花的梦想和希望发芽的地方。

她认真好学，考试经常得第一名，一张张奖状像大花瓣一样把家里的墙壁贴得灿烂辉煌。

时间过得很快，11 岁的单杏花以全校第一名的成绩考上了思口中学，全家人都很高兴，小伙伴们也很羡慕。每个学期开学，父亲都要租一辆手扶拖拉机拉着一车柴火，再扛上一袋子新米送到学校，给杏花换取 90 斤饭票。杏花知道，只有通过知识的力量，才能够实现自己的梦想。她下定决心努力学习，争取将来考上大学，像雏鹰一样飞出大山，去看看外面的世界。

三年的初中时光转瞬即逝。虽然这时的单杏花还没有见过铁路，更没有坐过火车，但她已经从课本中知道了詹天佑和茅以升的事迹，先辈榜样的力量，让她的理想和信念如伸向远方的钢轨一样清晰而坚定。

1988 年 9 月，单杏花考入婺源二中。学校位于风景秀丽的婺源县城，这里是中国铁路之父——詹天佑先生的祖籍地，更是单杏花向往已久的“高等学府”。高中三年，她付出了比别人更多的努力和汗水，成绩从入学时全班 40 名开外，到高考时跨入班级前三名。

1991年秋天，单杏花凭借不懈的努力，考入西安工业学院（现西安工业大学）计算机应用专业，成为村里第一位大学生。乡亲们欢喜地说她是“飞出山窝窝的金凤凰”。

去西安上大学是单杏花第一次乘坐火车。从家出发，几经辗转，到了景德镇火车站。因为要去南京转车，又排了一天一夜的队才买到火车票。攥着那张小小的车票，单杏花感慨万千。在拥挤的车厢里，单杏花“金鸡独立”，换着脚站了13个小时才到达南京。

到了南京，还要换乘轮渡过长江，到南京北站（旧称浦口火车站）乘坐上海到成都的火车，……几经周转，终于在两天两夜后到达西安。漫漫求学路上，望着闪过车窗的风景，单杏花的憧憬与希望也在一程一程地向前。

进入大学，迈入学习新赛道的单杏花，尽情地在知识的海洋中遨游。软件开发、数据库管理……她越来越喜爱自己的专业，也在专业课循序渐进的学习中，慢慢形成从微观到宏观、从局部到整体的逻辑思维能力。

每天清晨，当第一缕阳光洒进教室时，单杏花已经坐在座位上，专注地翻阅着厚厚的教材。她深知，时不我待，必须只争朝夕。只有通过不断地学习和积累，才能够为自己的未来打下坚实的基础。

大学毕业时，面对让同学羡慕的签约意向单位，单杏花却说：“老师，我还是想继续深造。”于是，经过刻苦努力，单杏花以优异的成绩考入华东交通大学研究生院。她像蜿蜒山路上的攀登者，一级一级地向上……

1996年金秋，单杏花研究生刚入学不久。一天，导师递给她一份通知：“铁道部发来通知，要求学校选派4名师生到中国铁道科学研究院，参与全路客票系统的研发和推广工作。”在导师和同学的鼓励下，单杏花怀着激动又忐忑的心情、怀着对未来的探求与渴望，接受了这项工作任务。

1996 年 5 月，铁道部作出一项重大决策：改革传统的售票方式，尽快建成具有中国特色和自主知识产权的铁路客票发售和预订系统，改变铁路客票发售和运营管理的落后面貌。当单杏花得知自己要参与这项重要的工作任务时，更是暗下决心，要努力再努力，给学校和导师争光。

那时候的铁路还是人工售票，火车票也还是硬板式火车票，按照不同车次、不同方向放在一个分成若干小格子的票箱里，旅客买车票时，售票员要根据旅客购买车票的始发站至终点站的名称，到票箱里找到相应的火车票，再打上钢印和日期。如果旅客要购买的火车票站点超出预先准备的到站地，售票员就要根据到站里程、票价、时刻、停靠站等不同信息，手动计算车票的有效期和价格，手续比较烦琐，旅客购票也不便利。

在互联网尚未普及的年代，人们乘火车出行前，都要先到火车站排队买票。特别是到了春运及节假日客运高峰期，很多车站的“购票长龙”甚至能排出几公里远。一票难求，更是那时候春运的代名词。

就这样，为了改善人们购票难的问题，1996 年，单杏花等 28 名来自全国 7 所铁路院校的青年教师和硕士研究生，加入到中国铁道科学研究院成立的客票总体组，参与开发推广全路客票系统统一应用软件的工作。这群朝气蓬勃为事业和理想而奋斗的年轻人，被亲切地称为“云台二十八将”。

1996 年 12 月，单杏花参与到九江、南昌等车站推广客票系统 1.0 版本的研发工作中，简而言之，这套系统就是要将人工售票转变为计算机售票。

在九江站期间，单杏花负责后台和前台很多子系统的维护。面对一堆麻线团般的数据，单杏花和同事们几乎不分昼夜、废寝忘食，边调试、边开发、边优化系统。

随着九江站等 10 个车站的售票窗口通过计算机打出了软纸式火车票，中国铁路客运进入了一个全新时代——在中国沿用百年的人工售票由此逐步转变为计算机售票。

随后，单杏花和同事们又马不停蹄地转战南昌。在南昌站计算机客票系统上线的第一天，早晨6点开始售票后，刚运行了两个多小时系统就卡了壳。拥堵在售票窗口的旅客情绪激动，不满的声音不绝于耳。无奈，单杏花和同事只得赶紧把计算机搬下来，又把票箱搬回去，他们的心里像打翻了五味瓶……

原来，是团队技术人员的数据库没配好，造成计算机系统内存耗费过大。没办法，单杏花和伙伴们只能重建数据库……他们开足马力，连夜鏖战，终于让南昌站成功上线计算机客票系统。

很快，单杏花又随总体组团队前往广州开展铁路客票系统2.0版本研发工作——“实现区域联网售票”。那次出差，是单杏花第一次乘坐卧铺——原来乘火车也可以躺着睡觉啊！激动的她，回想起自己第一次乘火车上大学时的情景，一时感慨万分：现在，乘车环境已经在逐步改善了，怎样才能让旅客购票也更加方便呢？

由此开始，铁路客票系统发展的关键词是：铁路现实发展需要什么，总体组就设计什么。经过两个多月的努力，广州站和深圳站成功上线客票系统2.0版本，旅客可以在一个站点购买到区域内往返火车票。这一创新举措彻底改变了以往只能购买从始发站至终点站的单程火车票的历史，给旅客带来了前所未有的便捷。

1998 年底，通过客票总体组团队的技术攻坚，终于实现全国联网售票——铁路客票系统 3.0 版本时代，形成全国铁路一盘棋，一窗有票、窗窗有票，一站有票、站站有票的全新局面。这样一来，广大旅客出行就更方便啦！

时间来到 2002 年，铁路客票系统升级到 4.0 版本，增加了直达特快列车提前 180 天预约功能，进一步提高了旅客购票的便利性和效率。

2005年，由单杏花主持铁路客票系统5.0版本的研究与开发推广工作。然而，他们却遇到了一个小麻烦：在郑州铁路局进行5.0版本试点转换工作的试运行过程中，却发现系统无法登录……

为了确保凌晨5点车站能够正常售票，总体组团队逐段检查程序代码，以便追踪问题。终于，他们找到了原因：受当时技术所限，导致设备安装过程中时间与服务器不能同步。最终，问题得到了解决，保证了售票窗口按时售票。

售票窗口
军人优先
3
售票窗口
军人优先
2
票窗口
人优先
1

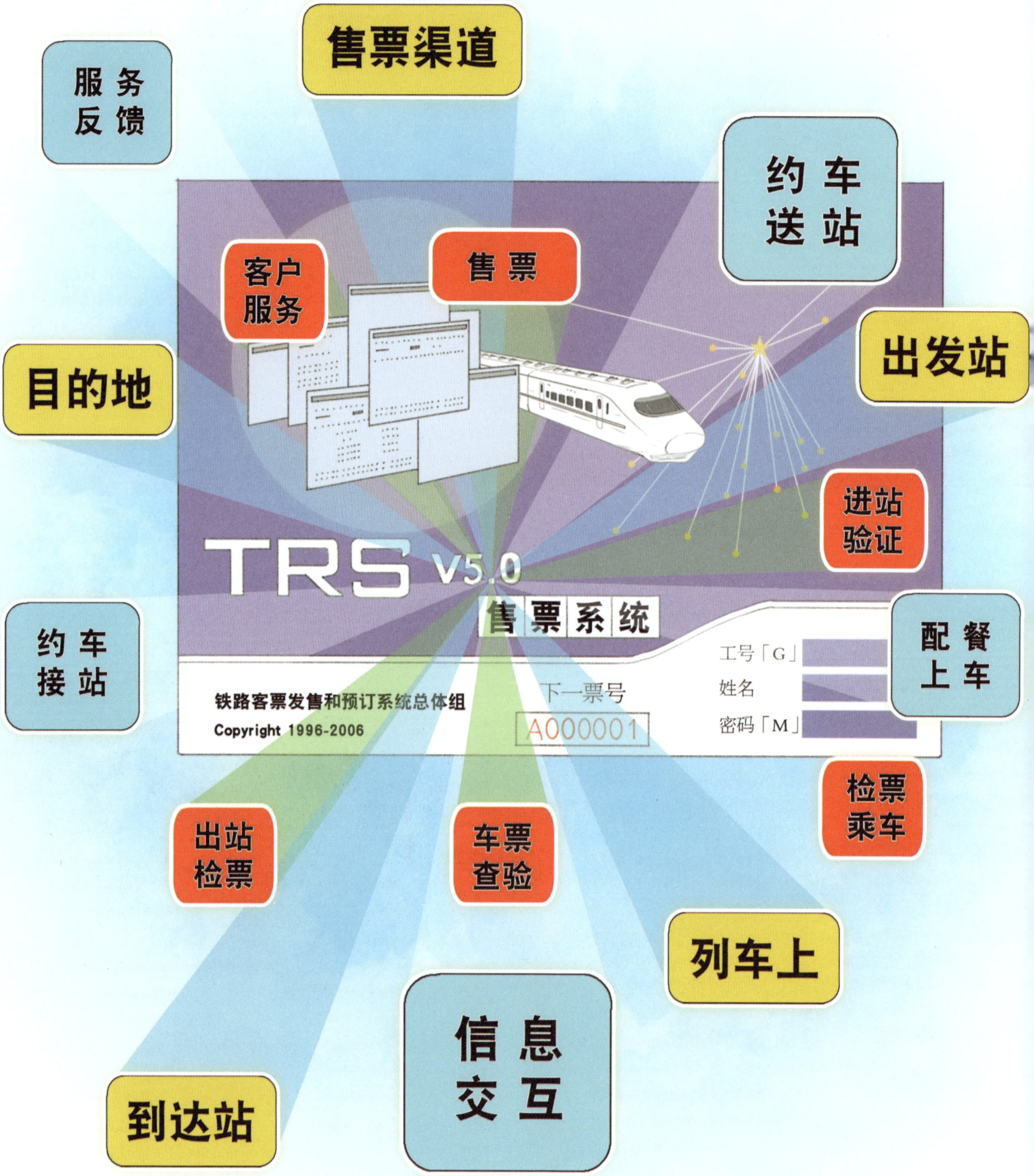

自 2006 年 4 月，铁路客票系统 5.0 版本开始在全国各大车站进行推广。这个新的系统版本解决了客票资源共用不够灵活、短途客票无法再利用等问题，这些改进措施有效地避免了“火车上有座却买不到座位票”的现象。

随着铁路客票系统 5.0、5.1、5.2 版本的成功升级与开发推广。在单杏花和团队的努力下，铁路客票逐步实现了自动售检票、电话订票和实名制售票等功能的应用。看到旅客出行购票越来越方便，单杏花和伙伴们可开心了！

一切为了让旅客走得了、走得好，单杏花带领团队再一次踏上了新的征程——研发以铁路 12306 系统为标志的新一代客票系统。铁路 12306 系统全称为“中国铁路客票发售与预订系统”，具有车票预订、在线支付、改签、退票、订单查询等诸多功能，目的就是让旅客购票和出行方便些、更方便些。

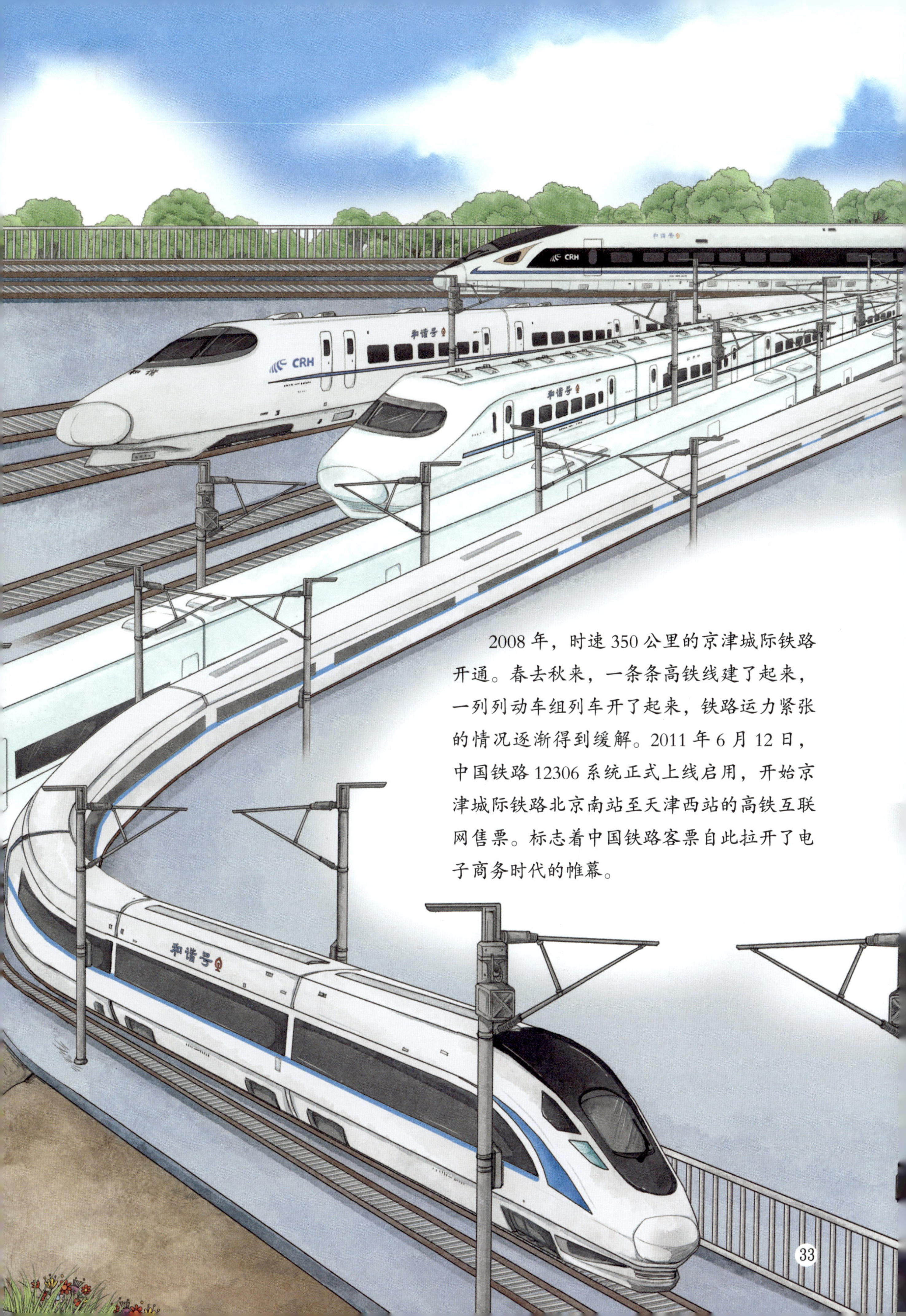

2008 年，时速 350 公里的京津城际铁路开通。春去秋来，一条条高铁线建了起来，一列列动车组列车开了起来，铁路运力紧张的情况逐渐得到缓解。2011 年 6 月 12 日，中国铁路 12306 系统正式上线启用，开始京津城际铁路北京南站至天津西站的高铁互联网售票。标志着中国铁路客票自此拉开了电子商务时代的帷幕。

中国铁路

铁路12306

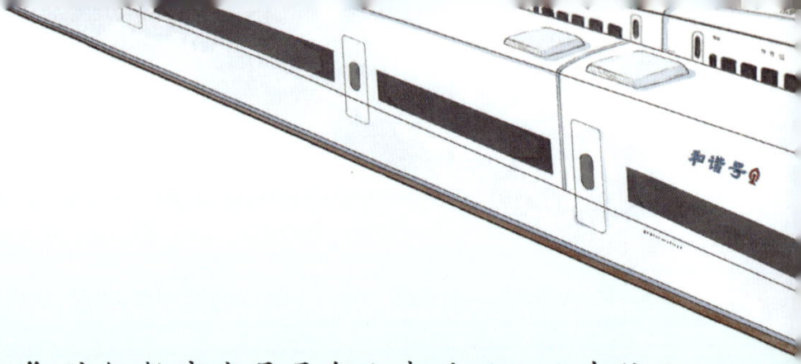

“12306”这组数字代号是怎么来的呢？又有什么寓意呢？原来，政府服务咨询电话都是由“123”开头，“123”也像众人合力攻坚喊出的号子，“6”也是六六大顺的意思。“12306”真是一个“铁”味十足、吉祥如意的名字。总之，“12306”就是希望每位旅客出行都能平安顺畅。后来铁路客票系统网站、手机 App 都取名为“铁路 12306”。

2011年6月12日，互联网售票第一天，是个开门红的好日子，当天通过网络售票1000多张。2011年9月底，全国高铁动车组列车实现互联网售票。紧接着，全国铁路所有列车实现互联网售票。

2012 年春运期间，旅客购票需求呈“井喷式”增长，日点击量最高突破 14 亿次，旅客频繁密集地点击，像不停的敲门声，更像汹涌的浪潮，铁路 12306 系统遭遇巨大挑战。

当时，互联网接入带宽和系统能力还不足以支撑如此庞大的访问量，并且，用户进入铁路 12306 系统购票时须先查询余票，才能继续购票。所以，当余票查询请求如同海啸般汹涌而来时，便导致系统入口堵塞，这让铁路 12306 系统几近崩溃。

早在铁路12306系统研发初期，12306团队就进行了周密的市场调研，还参考了发达国家的互联网售票经验。然而，中国的国情和外国不一样，过去的事情和现在不一样……随着中国互联网的发展和手机的普及，人们的生活方式已经悄然改变……

而且，铁路客票剩余票计算不同于普通商品的出售与存货是简单的加减关系，火车票则是售出一张可能会多出一张甚至更多张，库存是一个动态变化的过程。比如：一个席位的中间段售出一张火车票，便会多出首尾两段两张火车票；而中间段售出两张火车票，就会多出三张火车票，或者更多火车票……

铁路配票份额的分配也需要考虑多种因素。比如：旅客的需求，是希望坐在靠窗的位置还是靠过道的位置；还有运输组织的要求等。高铁列车在站点的停靠时间可能非常短，如果集中销售同一节车厢火车票，就可能造成这节车厢旅客流量大，上下车时间紧张，因此，每个车站的火车票销售需要分散在不同的车厢中，确保每节车厢都有旅客上下车。这些都需要通过复杂的算法来实现。单杏花带领着团队，像不知道疲倦的机器人，坚守阵地，昼夜鏖战。最终，铁路12306系统顶住了巨大的压力，日售票量由60多万张攀升至119.2万张。

然而，随着“黄牛党”变换伎俩，抢票软件出现了。当时，由于网络“黄牛党”们利用“抢票神器”抢票而产生的海量高并发请求，导致铁路 12306 系统时常堵塞，使铁路 12306 无法为正常上网购票的旅客提供服务。

为了确保铁路 12306 系统正常运行，保障广大旅客购票的权益和信息安全，单杏花带领团队开始与网络“黄牛党”们展开旷日持久的“攻防战”。单杏花带领团队见招拆招，成功研发出“候补排队购票”和“风险控制系统”功能，大大提高了铁路 12306 的用户体验和系统的安全性。

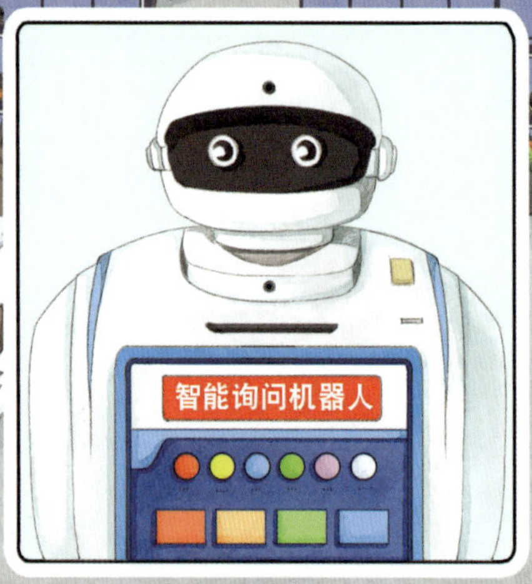

如今，路网密布，高铁飞驰，截至 2024 年 9 月 14 日，中国铁路营业里程突破 16 万公里，其中高铁超 4.6 万公里。现在，铁路 12306 也长大了、成熟了，面对越来越巨大的点击量，系统依旧稳定、快捷、高效。年销售火车票超过 40 亿张，首尾相连可绕地球 9 圈。

铁路出行进入无纸化时代，铁路购票长龙早已悄然解散，旅客足不出户即可掌上购票。电子客票、“刷脸”进站，也改变了进站排长队的现象。全景导航、智能询问机器人、智能翻译机，以及“人工智能＋铁路服务”等已不是新鲜事。

“12306 手机 App 真是太好用了，我们老年人也可以自己订票出去游玩，领略祖国大好河山啦！”在一次车站调研中，几位出游的老年旅客高兴地对单杏花说。

铁路 12306 手机 App 敬老版，是 12306 团队专门针对老年旅客设计的。这一版本操作流程简单易懂，还增加了图文使用教程，简单一点，就能帮助老年人轻松学会在线购票。

2013年12月，铁路务工团体票功能顺利上线，当年就取得了一次办票近百万张的成绩。当看到电视上农民工兄弟满脸欢喜地拿着返乡车票的画面时，单杏花和伙伴们终于松了一口气：“‘不能让农民工兄弟再多等一个春节’——这是我们的承诺，我们做到了！”

为了确保大学生出行便捷，单杏花多次带领团队深入车站调研，广泛听取来自车站售票窗口、列车乘务人员，以及学生旅客的建议和意见。终于，2023年6月，铁路12306成功推出“学生优惠资质在线核验服务”功能；2024年8月，又推出“学生预约购票服务”和“学生出行需求采集”功能。这些新功能大大方便了大学生火车出行。

为了丰富旅客旅途用餐需求，铁路 12306 还推出了“高铁外卖”功能，让旅客在高铁列车上就可以手机点餐，移动享用陕西的肉夹馍、河南的烩面、湖南的红烧肉、广东的早茶等各地美食。这不仅满足了旅客对于美食的渴望，更为在路上的人们提供了一种全新的乘车体验。

如今，我们打开铁路 12306 手机 App，发现购票页面有了新的功能，不仅可以看到折扣信息，能够实时了解票价变化和在线选铺位、座位；更暖心的是，60 岁以上老年旅客可以优先下铺……这些新功能的推出，让旅客出行更加便捷从容。

2023 年 4 月 13 日，首趟中国老挝国际旅客列车开行。一张张由中文、老挝文和英文标注的车票背后，是单杏花带领的中老铁路票务系统专项项目组团队智慧与汗水的结晶。“服务旅客美好出行”沿着钢轨走出了国门。

在单杏花的带领下，12306团队同样为雅万高铁带来了最先进的票务系统，不但实现了旅客智能化购票、进站、乘车、出站等全过程信息化服务，还为旅客提供了智能、高效的列车精准选座功能。

单杏花，被称为12306背后的“最强大脑”，但她却说自己只是“大山中飞出的一只小小鸟”，是共和国的铁路事业成就了她，是网络信息时代的大环境历练了她，是12306团队这个大熔炉锻炼了她……

她对未来充满信心："未来的高铁应该更加便捷、舒适和温馨。高铁智能服务的境界是'知您所想、予您所需'。未来，随着中国铁路的发展，铁路 12306 将继续不懈地探索奋进，不断地开拓创新，为旅客出行更美好作出贡献！"

2024 年 12 月，中共中央宣传部授予了单杏花"时代楷模"称号。单杏花是以科技创新赋能交通强国建设的先锋模范，她的先进事迹充分彰显了一名共产党员奋进新征程、建功新时代的使命担当。

单杏花，中国铁道科学研究院集团有限公司首席研究员、中国铁路12306科创中心副主任。获得铁路青年科技拔尖人才、中央国家机关青年五四奖章、火车头奖章、全国三八红旗手、新时代·铁路榜样、最美铁路人、新中国成立70周年最美奋斗者、“时代楷模”等荣誉。